I Abstract

Der demografische Wandel und die wirtschaftliche Entwicklung in Deutschland gehen mit einer Abnahme und Alterung der Bevölkerung sowie einer gleichzeitigen räumlichen Umverteilung vorwiegend in Richtung Oberzentren einher (vgl. Gabriel, 2009, S. 28f.). Diese Entwicklung führt zu Strukturverlusten und zu einer Ausdünnung der wohnortnahen Gesundheitsversorgung, vor allem in ländlichen Regionen und peripheren Stadtteilen. Gesundheitsförderung im kommunalen Setting bietet vielfältige Ansatzmöglichkeiten, um besonders ältere, sozial benachteiligte oder ausgegrenzte Menschen zu erreichen und Angebote in Wohnortnähe bereitzustellen. Die Entwicklung und Umsetzung entsprechender Konzepte ist jedoch oftmals mit erheblichen Problemen verbunden, da viele Kommunen weder über die erforderlichen Kompetenzen (vgl. Göpel, 2008, S. 10), noch über ausreichende Finanzmittel verfügen. Eine Möglichkeit, diese Hindernisse zu umgehen, ist die Nutzung von Beispielen guter Praxis. Durch die bereits evaluierten und veröffentlichten „Good Practice-Modelle" werden transparent und qualitätsorientiert gestaltete Lösungsansätze für Maßnahmen im Bereich der Gesundheitsförderung und Prävention zur Verfügung gestellt. Diese Arbeit stellt auf Basis einer Literaturrecherche bereits verfügbare Modelle und qualitätsorientierte Ansätze vor, die sich für Maßnahmen zur Gesundheitsförderung und Prävention im kommunalen Setting für die Zielgruppe 60+ eignen.

II Inhaltsverzeichnis

I Abstract *1*

III Abkürzungsverzeichnis *3*

IV Tabellen- und Abbildungsverzeichnis *3*

1 Einleitung und Problembetrachtung *4*

2 Gesundheitsförderung und Krankheitsprävention *5*

2.1 Der Setting-Ansatz *6*

2.2 Handlungsfelder der Primärprävention *7*

3 Gesundheitsziele *8*

3.1 Internationale Gesundheitsziele *9*

3.2 Nationale Gesundheitsziele *9*

4 Gute Praxis Gesundheitsförderung *11*

4.1 Good Practice-Lösungen *11*

4.2 Beispiele guter Praxis für die Zielgruppe 60+ *13*

4.3 Qualitätssicherung von gesundheitsfördernden Maßnahmen *14*

5 Gesundheitsförderung auf kommunaler Ebene *16*

5.1 Etablierte qualitätsorientierte Ansätze für die kommunale Ebene *17*

5.2 Mögliche Gesundheitsförderungsmaßnahmen für die Zielgruppe 60+ *18*

5.2.1 Relevante Handlungsfelder *19*

5.2.2 Relevante Ziele *21*

6 Fazit *22*

7 Literatur- und Quellenverzeichnis *24*

III Abkürzungsverzeichnis

BGF: Betriebliche Gesundheitsförderung
BMG: Bundesministerium für Gesundheit
BRD: Bundesrepublik Deutschland
BZgA: Bundeszentrale für gesundheitliche Aufklärung
Difu: Institut für Urbanistik
EU: Europäische Union
FFGZ: Feministisches Frauengesundheitszentrum Berlin e.V.
GFA: Gesundheit für alle (Programm der WHO)
GKV: Gesetzliche Krankenversicherung
GVG: Gesellschaft für Versicherungswissenschaft und -gestaltung e.V.
NAIS: Neues Altern in der Stadt (Projekt)
SGB: Sozialgesetzbuch
WHO: World Health Organisation (Weltgesundheitsorganisation)

IV Tabellen- und Abbildungsverzeichnis

Tabelle 1: Handlungsfeld I und Ziele 1-5 des Gesundheitsziels „Gesund älter werden".
Tabelle 2: 12 Kriterien für Good Practice.
Tabelle 3: Qualitätselemente gesundheitsförderlicher Stadtentwicklung.
Tabelle 4: Übergreifende Qualitätskriterien für eine gesundheitsförderliche Stadt(teil)entwicklung.

1 Einleitung und Problembetrachtung

Künftig wird besonders die Bedeutung der Gesundheitsversorgung auf kommunaler Ebene als Bestandteil der Daseinsvorsorge zunehmen. Denn hier erfordern unter anderem die durch die Alterung der Bevölkerung bedingten Faktoren wie z.b. Chronizität, Multimorbidität und Immobilität die Entwicklung neuer Versorgungskonzepte (vgl. Süßmuth, 2013, S. 10). Mittels herkömmlicher medizinischer Interventionen können diese Probleme aber nur unzureichend angegangen werden. Die Gesundheitsförderung im kommunalen Setting bietet jedoch Erfolg versprechende Ansatzmöglichkeiten, da sie einen Großteil der Zielgruppen erreichen und deren Gesundheitsressourcen stärken kann. Auch ist zu bedenken, dass sich die Mehrheit der deutschen Kommunen im ländlichen Raum befindet und hier prognostisch vor allem die Alterung der Bevölkerung in den nächsten 15 bis 20 Jahren an Bedeutung erheblich zunehmen wird. Diese Perspektive erfordert künftig gleichfalls eine stärkere Fokussierung auf die Zielgruppe der Älteren und das kommunale Setting.

Aufgrund der oben beschriebenen Gesundheitsfaktoren – der Zunahme von chronischen (nicht heilbaren) Krankheiten und der Abnahme von Mobilität bei den Senioren – wird sich künftig zwangsläufig ein Wandel in der Gesundheitsversorgung auf lokaler Ebene vollziehen müssen: Die Versorgungsbereiche Gesundheitsförderung und Krankheitsprävention müssen anteilig gegenüber dem Bereich der medizinischen Versorgung wachsen und stärker mit letzterem verknüpft werden, um dem sich verändernden Versorgungsbedarf weiterhin gerecht werden zu können.

Die kommunale Gesundheitsförderung ist ein Handlungsfeld, welches gute Potenziale zur zukunftsgerechten Gestaltung der Gesundheitsversorgung in benachteiligten Regionen bzw. Bezirken (wie z.b. ländlich gelegene Kleinstädte und peripher gelegene großstädtische Stadtteile) aufweist, denn einerseits kann hier ein Großteil der Bevölkerung erreicht werden, andererseits sind vor allem die älteren Menschen kaum über andere etablierte Settings (wie z.b. Betriebe, Schulen, Kindertagesstätten) für die Teilnahme an gesundheitsfördernde Maßnahmen zu gewinnen. Jedoch stellen sich im Rahmen der Entwicklung von entsprechenden Konzepten zur kommunalen Gesundheitsförderung sowie deren späterer Umsetzung auch erhebliche Probleme für die Kommunen auf: Diese verfügen nämlich oftmals weder über ausreichend eigene gesundheitspolitische Kompetenzen (vgl. Göpel 2008, S. 10), noch über Finanzmittel, um Experten mit der Konzeptentwicklung zu beauftragen. Allerdings stehen heute bereits einige Beispiele guter Praxis von Gesundheitsförderung abrufbereit zur Verfügung, welche sich gegebenenfalls an Stelle einer Konzeptneuentwicklung auf andere Regionen übertragen und somit Kosten einsparen lassen. Das Ziel der hier vorliegenden Arbeit war, bereits entwickelte Good Practice-Modelle für die Zielgruppe älterer Menschen zu recherchieren, analysieren und hinsichtlich ihrer allgemeinen Übertragbarkeit zu bewerten. Hierzu wurden ausgewählte deutsche Good Practice-Konzepte hinsichtlich ihrer Ziele und Handlungsempfehlungen mit entsprechenden nationalen Gesundheitszielen (BRD) verglichen. Die Arbeit wurde von der Frage geleitet, welche Ansätze, Methoden und Ziele zur Gesundheitsförderung älterer Menschen im kommunalen Setting die größtmögliche Evidenzbasis oder die besten Erfolgschancen bieten.

2 Gesundheitsförderung und Krankheitsprävention

Die Begriffe „Gesundheitsförderung" und „Krankheitsprävention" werden oftmals synonym verwendet (Bsp.: Gesundheitsprävention / Gesundheitsprophylaxe), obwohl diese tatsächlich von unterschiedlicher Bedeutung sind (vgl. Laaser, Hurrelmann, 2003, S. 395). Selbst bei der Anwendung dieser Begriffe innerhalb der unterschiedlichen Gesundheitsprofessionen erfolgt oftmals keine genaue Abgrenzung – sogar die indikationsbezogene und daher spezifische Krankheitsprävention wird häufig durch den gekürzten Begriff „Prävention" umschrieben, welcher jedoch nicht mehr als die „Verhütung von irgendeinem Problem" bedeutet – und dabei auch nicht zwangsläufig im Zusammenhang mit „Gesundheit" oder „Krankheit" stehen muss (z.B. Kriminalprävention, Unfallverhütung o.ä.).

Gesundheitsförderung bezeichnet Maßnahmen, die auf die Erhaltung oder Stärkung von gesundheitsrelevanten Ressourcen des Individuums oder von Populationen ausgerichtet sind mit dem Ziel, diesen Personen ein höheres Maß an Selbstbestimmung über Ihre Gesundheit zu ermöglichen (vgl. Laaser, Hurrelmann 2003, S. 396). Maßnahmen der **Krankheitsprävention** zielen hingegen auf die Vermeidung oder Reduktion von Risikofaktoren für bestimmte Krankheiten (Primärprävention), die Vermeidung der Verschlimmerung von Krankheiten (Sekundärprävention) oder der Verhütung von Begleit- und Folgeerkrankungen (Tertiärprävention) ab. Aus diesen verschiedenen Ansätzen lassen sich auch die unterschiedlichen **Zielgruppen** ableiten: während sich Gesundheitsförderung überwiegend an die gesamte Bevölkerung oder bestimmte Altersgruppen (z.B. alle Schulkinder in Deutschland) richtet, wendet sich Krankheitsprävention an Bevölkerungsgruppen (Populationen) mit definierten Risikofaktoren (z.B. Menschen mit Koronarer Herzkrankheit).

Zusätzlich wird nach unterschiedlichen Ansätzen von Gesundheitsförderung und Krankheitsprävention unterschieden: Während mit dem **Setting-Ansatz** (meistens kleinere) Gruppen von Menschen in ihrem persönlichen Lebensumfeld (z.B. Schule, Betrieb) angesprochen werden, sollen sich Angebote mit einem **individuellen Ansatz** an den einzelnen Menschen richten. Mit den Begriffen **„Verhaltensprävention"** und **„Verhältnisprävention"** wird zudem beschrieben, ob gesundheitsfördernde oder krankheitspräventive Maßnahmen auf die Förderung von gesundheitsbewusstem Verhalten eines Individuums oder auf die Verbesserung der Lebenswelt / des Lebensumfelds von Individuen ausgerichtet sind.

2.1 Der Setting-Ansatz

Eine Kernstrategie der Gesundheitsförderung ist der Setting-Ansatz (vgl. Göpel, 2008, S. 77), welcher erstmals durch die Ottawa-Charta im Jahre 1986 eingeführt wurde (vgl. Göpel, 2008, S. 102ff.). Setting bezeichnet einen bestimmten Schauplatz; einen Sozialraum oder ein soziales System, in dem gezielte gesundheitsfördernde Aktivitäten in einem gruppenbezogenem Lebensalltag der Menschen ansetzen können (vgl. Göpel, 2008, S. 77f.; Hurrelmann, Klotz, Haisch, 2009, S. 44f.). Obwohl eine einheitliche, zusammenfassende Beschreibung des konzeptionellen Hintergrundes bzw. eine Identifikation der gemeinsamen Kernkomponenten des Setting-Ansatzes und damit die Schaffung einer Evidenzbasis bis heute nicht gelungen ist (vgl. Göpel, 2008, S. 77), werden dessen ungeachtet gesundheitsfördernde Maßnahmen auch auf Seiten der Kostenträger vorwiegend am Setting-Ansatz ausgerichtet (siehe Leitfaden Prävention der gesetzlichen Krankenkassen). So ist beispielsweise auch der Setting-Ansatz „Gesundheitsförderung in der Kommune / im Stadtteil" im Leitfaden Prävention verankert und bestimmte Maßnahmen zur Primärprävention in diesem Setting können durch die Krankenkassen gefördert werden, wenn sie bestimmte Förderkriterien erfüllen (vgl. GKV Spitzenverband, 2010, S. 23ff.).

Das gesundheitsfördernde Setting Kommune ist dabei als übergreifendes Setting zu verstehen, welches weitere, einzelne Settings umfasst (vgl. Göpel, 2008, S. 102). Denn nicht nur die unmittelbar durch die Kommunen unterhaltenen bzw. verwalteten Einrichtungen sind nach Göpel (ebd.) dem kommunalen Setting zuzurechnen, sondern auch weitere Institutionen, welche sich innerhalb der Gemeindegrenzen befinden und nicht zwangsläufig der kommunalen Verwaltung unterliegen. Einzelne gesundheitsfördernde Settings innerhalb der Kommunen sind beispielsweise Kindertagesstätten, Schulen, Krankenhäuser oder auch Unternehmen der Gesundheitswirtschaft sowie sonstige Betriebe (vgl. ebd.).

2.2 Handlungsfelder der Primärprävention

Der GKV-Spitzenverband gibt mit seinem Leitfaden Prävention (2010) neben den verschiedenen, bereits oben beschriebenen Ansätzen zur Zielgruppenerreichung (Setting-Ansatz / individueller Ansatz) auch bestimmte Handlungsfelder der Primärprävention vor. Maßnahmen mit entsprechendem Themenbezug können gemäß § 20 Abs. 1 SGB V finanziell gefördert werden. Dies sind die Handlungsfelder „Bewegungsgewohnheiten", „Ernährung", „Stressmanagement" und „Suchtmittelkonsum". Während die beiden letztgenannten Handlungsfelder überwiegend in der schulischen und betrieblichen Gesundheitsförderung ihren thematischen Bezug finden, sind die Themenfelder „Bewegung" und „Ernährung" nahezu für alle Settings von Bedeutung und bieten eine gute Basis für die Gesundheitsförderung bei älteren Menschen (auch) im kommunalen Setting. Daher sollen diese beiden Handlungsfelder nachfolgend kurz erläutert werden.

Bewegungsgewohnheiten: Bewegungsmangel ist zum einen ein bedeutsamer (zentraler) Risikofaktor für die Gesundheit (vgl. GKV-Spitzenverband, 2010, S. 40) und zum anderen ergeben sich durch körperliche Bewegung / Aktivität vielfältige Präventionsmöglichkeiten (Prävention von Übergewicht, Herz-Kreislauf- [z.B. Koronare Herzkrankheit], Stoffwechsel- [z.B. Typ-2-Diabetes] und Muskel-Skelett-Erkrankungen [z.B. Sturzprophylaxe bei Älteren, Reduktion von Knochenbrüchen bei Risikopatienten] sowie stressbedingten Erkrankungen, psychosomatischen Beschwerden und Abfall der geistigen Leistungsfähigkeit) (vgl. ebd.). Die im Leitfaden Prävention für die Primärprävention (Individueller Ansatz[sic!]) verankerten Präventionsprinzipien im Handlungsfeld Bewegungsgewohnheiten sind die „Reduzierung von Bewegungsmangel durch gesundheitssportliche Aktivität" (vgl. GKV-Spitzenverband, 2010, S. 41) und „Vorbeugung und Reduzierung spezieller gesundheitlicher Risiken durch geeignete verhaltens- und gesundheitsorientierte Bewegungsprogramme" (vgl. GKV-Spitzenverband, 2010, S. 43). Beide Prinzipien richten sich an Menschen aller Altersgruppen ohne behandlungsbedürftige Erkrankungen, das zweitgenannte Prinzip jedoch speziell an die Zielgruppe von Menschen mit Risiken im Bereich des Muskel-Skelett-, Herz-Kreislauf- und Stoffwechselsystems sowie im psychosomatischen und motorischen Bereich.

Ernährung: Ungesunde Ernährung ist wie auch Bewegungsmangel ein Risikofaktor für die Entstehung bestimmter Krankheiten, die das Herz-Kreislauf-, das Verdauungs- und das Stoffwechselsystem (z.B. Typ-2-Diabetes) betreffen können (vgl. GKV-Spitzenverband, 2010, S. 47). Auch Krebserkrankungen, Allergien, Lebensmittelunverträglichkeiten und Mangelerkrankungen können durch ungesunde Ernährung hervorgerufen werden (vgl. ebd.). Der Leitfaden Prävention beschreibt innerhalb seines Kapitels Primärprävention und unterhalb des Individuellen Ansatzes entsprechende verhaltenspräventive Maßnahmen. Das Präventionsprinzip „Vermeidung von Mangel- und Fehlernährung" (ebd.) richtet sich an die Zielgruppe von Menschen „mit ernährungsbezogenem Fehlverhalten ohne behandlungsbedürftige Erkrankungen des Stoffwechsels oder psychische (Ess-)Störungen" (ebd.). Mit dem Präventionsprinzip „Vermeidung und Reduktion von Übergewicht" (GKV-Spitzenverband, 2010, S. 48f.) sollen übergewichtige Kinder und Jugendliche zwischen 8 und 18 Jahren ohne weitere behandlungsbedürftige Risikofaktoren des Stoffwechsels oder Begleiterkrankungen sowie Erwachsene ohne behandlungsbedürftige Erkrankungen des Stoffwechsels oder psychische (Ess-)Störungen erreicht werden (vgl. ebd.).

Zu beachten ist, dass der Leitfaden Prävention ein grobes Definitionsproblem hinsichtlich der Abgrenzung von „Setting-Ansatz" vs. „Individual-Ansatz" beinhaltet: gemäß der inhaltlichen Struktur (Gliederung) wird nämlich zum einen die „Betriebliche Gesundheitsförderung (BGF)" nicht als Setting-Ansatz im Rahmen der Primärprävention, sondern als vollkommen eigenständiges Kapitel aufgeführt. Dies ist unter gesundheitswissenschaftlicher Betrachtungsweise eindeutig falsch, weil BGF selbstverständlich „als Gesundheitsförderung im betrieblichen Setting" zu betrachten ist. Zum anderen werden offensichtlich die Begrifflichkeiten „Individueller Ansatz (Individualansatz)", „Setting-Ansatz" und „Verhaltensorientierter Ansatz" vermischt (vgl. oben Kapitel 2: Verhaltens- und Verhältnisprävention), da die Handlungsfelder „Bewegungsgewohnheiten" und „Ernährung" primär unter dem Punkt „Individueller Ansatz" kategorisiert werden, obwohl diese ebenso Kernthemen der unterschiedlichen Setting-Ansätze sind und letztere nicht nur die Verhaltensprävention zur Methode haben. Vermutlich basiert diese missverständliche Struktur auf der einfachen Übernahme der Kategorisierung aus dem SGB V – denn auch dort wird BGF nicht als Setting-Ansatz, sondern als rechtlich eigenständiger Begriff aufgeführt, was durchaus Auswirkungen auf die Finanzierung („Geldtöpfe") der unterschiedlichen Gesundheitsförderungsmaßnahmen hat.

3 Gesundheitsziele

Gegenstand der Gesundheitspolitik ist nach Rosenbrock „politisches Handeln bzw. Verhalten mit Wirkung auf die Gesundheit von Gruppen bzw. Bevölkerungen" (Rosenbrock, 2003, S. 707), mit dem allgemeinen Ziel der „Verbesserung der gesundheitliche Lage der Bevölkerung durch Minderung krankheitsbedingter Einschränkungen der Lebensqualität und des vorzeitigen Todes" (ebd.). Um die Gesundheitsversorgung hinreichend und flächendeckend steuern zu können, muss die Gesundheitspolitik jedoch zunächst Gesundheitsziele formulieren (vgl.

Süßmuth, 2013, S. 16ff.), die klare Vorgaben zur Verbesserung der Gesundheit in bestimmten Bereichen (Settings) oder bei bestimmten Bevölkerungsgruppen (Zielgruppen) beinhalten. Anhand dieser Ziele kann dann, unter Berücksichtigung der verfügbaren Ressourcen und finanziellen Mittel, eine bedarfsgerechte Versorgung ausgerichtet werden.

3.1 Internationale Gesundheitsziele

Die Weltgesundheitsorganisation (WHO) verabschiedete im Rahmen ihres Programms „Gesundheit für alle" (GFA) bzw. „Health For All" im Jahr 1981 erstmalig internationale Gesundheitsziele mit der Absicht, das Gesundheitsniveau weltweit bis zum Jahr 2000 anzuheben. Auf dieser Basis entwickelte das WHO-Regionalbüro für Europa im Jahr 1984 weitere Gesundheitsziele für den europäischen Raum, mittels derer die Gesundheitspolitik für Europa formuliert werden sollte. Diese insgesamt 38 Gesundheitsziele wurden innerhalb von vier Dimensionen ausgerichtet, welche betitelt wurden mit: „Chancengleichheit im Gesundheitswesen", „das Leben lebenswerter machen", „gesünder leben" und „länger leben". Im Jahr 1998 verabschiedete das WHO-Regionalbüro für Europa mit seinem Rahmenkonzept „Gesundheit 21" neue Gesundheitsziele für den europäischen Raum, die „[...] in ihrer Gesamtheit das Wesen der Regionalpolitik" (WHO-Regionalbüro für Europa, 1998, S. 4) bilden und somit einen Handlungsrahmen auf Länder- und Gemeindeebene bieten sollen. Das oberste Ziel des Rahmenkonzepts lautet „für alle das gesundheitliche Potential zu erreichen" (WHO-Regionalbüro für Europa, 1998, S. 8). Hierunter fallen zwei Hauptziele:

- „die Gesundheit der Bevölkerung während der gesamten Lebensspanne zu fördern und zu schützen sowie
- die Inzidenz der wichtigsten Krankheiten und Verletzungen zu reduzieren und die auf Krankheiten oder Verletzungen zurückzuführenden Leiden zu mindern." (ebd.)

3.2 Nationale Gesundheitsziele

Die einzelnen Länder wurden durch die WHO aufgefordert, eigene nationale Gesundheitsziele zu entwickeln. Im Jahr 2000 beschloss das Bundesministerium für Gesundheit (BMG) in Absprache mit den Ländern nationale Gesundheitsziele zu formulieren und zu implementieren. Das BMG beauftragte daraufhin Ende 2000 die Gesellschaft für Versicherungswissenschaft und -gestaltung e.V. (GVG) unter Mitwirkung von Bund, Ländern und weiteren Akteuren des Gesundheitswesen mit der Entwicklung nationaler Gesundheitsziele im Rahmen des Modellprojekts "Forum Gesundheitsziele Deutschland" (www.gesundheitsziele.de). Dieser Kooperationsverbund, welcher aus mehr als 70 Organisationen des Sozial- und Gesundheitswesens besteht, hat seit seiner

Gründung insgesamt sieben nationale Gesundheitsziele entwickelt und veröffentlicht:

- „Diabetes mellitus Typ 2: Erkrankungsrisiko senken, Erkrankte früh erkennen und behandeln (2003),
- Brustkrebs: Mortalität vermindern, Lebensqualität erhöhen (2003),
- Tabakkonsum reduzieren (2003),
- Gesund aufwachsen: Lebenskompetenz, Bewegung, Ernährung (2003; Aktualisierung 2010),
- Gesundheitliche Kompetenz erhöhen, Patient(inn)ensouveränität stärken (2003; Aktualisierung 2011),
- Depressive Erkrankungen: verhindern, früh erkennen, nachhaltig behandeln (2006),
- Gesund älter werden (2012)" (Gesellschaft für Versicherungswissenschaft und -gestaltung e. V., 2010).

Besonders das jüngste Ziel bietet gute Ansatzmöglichkeiten für gesundheitsfördernde Maßnahmen auf kommunaler Ebene. Denn „Gesund älter werden" richtet sich an die Akteure sämtlicher politischer Ebenen und zielt darauf ab, die Gesundheitsförderung, die Krankheitsprävention und die Gesundheitsversorgung von älteren Menschen zu verbessern. „Gesund älter werden" umfasst drei Handlungsfelder:

I. Gesundheitsförderung und Prävention: Autonomie erhalten
II. Medizinische, psychosoziale und pflegerische Versorgung
III. Besondere Herausforderungen

Für diese Handlungsfelder wurden insgesamt 13 Ziele formuliert, die wiederum in weitere Teilziele aufgegliedert sind. In der folgenden Tabelle 1 sind beispielhaft die 5 Ziele (ohne Teilziele) aus dem Handlungsfeld I aufgeführt:

Tabelle 1: Handlungsfeld I und Ziele 1-5 des Gesundheitsziels „Gesund älter werden".

Handlungsfeld I: Gesundheitsförderung u. Prävention: Autonomie erhalten
Ziel 1: Die gesellschaftliche Teilhabe älterer Menschen ist gestärkt. Mangelnde Teilhabe und Isolation werden erkannt und gemindert.
Ziel 2: Gesundheitliche Ressourcen und die Widerstandskraft älterer Menschen sind gestärkt und ihre gesundheitlichen Risiken gemindert.
Ziel 3: Körperliche Aktivität und Mobilität älterer Menschen sind gestärkt bzw. erhalten.
Ziel 4: Ältere Menschen ernähren sich ausgewogen.
Ziel 5: Die Mundgesundheit älterer Menschen ist erhalten bzw. verbessert.

Quelle Tabelle 1: Eigene Darstellung nach BMG 2012, S. 29.

Die in „Gesund älter werden" vorgeschlagenen Maßnahmen beziehen sich auf ältere Erwachsene ab ca. 65 Jahren (vgl. Bundesministerium für Gesundheit [BMG], 2012, S. 11). Dieses Gesundheitsziel wurde unter Berücksichtigung der demografischen, epidemiologischen und sozialen Veränderungen (vgl. ebd.) „sowie gewandelte(r) Einstellungen und Erwartungen, die neue Anforderungen sowohl an die Versorgungsstrukturen als auch an die Gesellschaft (und den Einzelnen) stellen" (ebd.) entwickelt. Bei der Entwicklung wurden besonders die überwiegend in höherem Alter auftretenden Faktoren wie a) *chronischer Verlauf von Krankheit (Chronizität)* und b) *Mehrfacherkrankung (Multimorbidität)* sowie entsprechende gesundheitsfördernde und präventive Maßnahmen berücksichtigt. Ein besonderer Fokus wurde dabei auch auf die Stärkung der Lebensqualität chronisch Kranker sowie deren Selbstbestimmung und Eigenkompetenz gelegt (vgl. BMG 2012, S. 12).

4 Gute Praxis Gesundheitsförderung

4.1 Good Practice-Lösungen
Bei „good practice" (gute Praxis) handelt es sich um bereits in der Praxis bewährte, d.h. erfolgreiche und anerkannte Verfahrensweisen bzw. Konzepte zur Problemlösung. Im Gegensatz zu der in der Betriebswirtschaft angewandten Erfolgsmethode „best practice" (bzw. „Goldstandard"), welche einen optimalen Standard beschreibt, stellen Beispiele guter Praxis jedoch nicht die jeweils beste Lösung für ein Problem dar, sondern dienen vorwiegend dem Vergleich unterschiedlicher Lösungsansätze und deren Bewertung hinsichtlich einer definierten Zielerreichung. Beide Ansätze haben jedoch gemeinsam, von den Erfahrungen und dem Wissen Anderer zu profitieren, so dass ggf. Kosten für etwaige analoge Neuentwicklungen und sonstige Fehlinvestitionen eingespart und die Qualität von Konzepten gesteigert werden können.

In Deutschland entwickelte der bundesweit tätige Kooperationsverbund „Gesundheitsförderung bei sozial Benachteiligten", welcher 2003 auf Initiative der Bundeszentrale für gesundheitliche Aufklärung (BZgA) gegründet wurde (vgl. Kilian, 2008, S. 188ff.), Good Practice-Konzepte für soziallagenbezogene Gesundheitsförderung sowie einen entsprechende Kriterienkatalog. Letzterer soll für die notwendige Transparenz bei der Bewertung von Good Practice-Beispielen und der Darstellung deren qualitativen Ausrichtung sorgen (vgl. ebd.). Folgende 12 Kriterien wurden entwickelt:

Tabelle 2: 12 Kriterien für Good Practice.

Kriterien für Good Practice		
1.	Gesundheitsbezug	Die Konzeption des Angebotes macht einen klaren Gesundheitsbezug deutlich.
2.	Klarer Zielgruppenbezug	Das Angebot berücksichtigt in besonderer Weise die Bedarfe von Menschen in schwieriger sozialer Lage.
3.	Innovation und Nachhaltigkeit	Das Angebot wendet erfolgreich innovative Methoden an und/oder entfaltet nachhaltige Wirkungen bei der Zielgruppe und in deren Lebenswelt.
4.	Multiplikatorenkonzept	Das Angebot bindet systematisch Multiplikatorinnen und Multiplikatoren in die Arbeit ein.
5.	Niedrigschwellige Arbeitsweise	Zugangshürden für die Nutzung des Angebotes werden vermieden, z.B. durch aufsuchende Arbeit und kosten-lose Angebote.
6.	Beteiligung der Zielgruppe (Partizipation)	Die Zielgruppe wird systematisch in Bedarfsermittlung, Planung, Umsetzung und/oder Bewertung des Angebo-tes einbezogen.
7.	Befähigung der Zielgruppe (Empowerment)	Die Zielgruppe wird zu einer eigenständigen und selbstbestimmten Lebensweise befähigt.
8.	Gestaltung der Lebenswelt (Setting-Ansatz)	Das Angebot ist gleichermaßen auf die Beeinflussung von Verhaltensweisen und die Gestaltung der Lebens-bedingungen ausgerichtet.
9.	Integriertes Handlungs-konzept / Vernetzung	Das Angebot arbeitet professionsübergreifend und bezieht auch „gesundheitsferne" Kooperationspartner mit ein.
10.	Qualitätsmanagement / Qualitätsentwicklung	Das Angebot verbessert seine Qualität unter Zuhilfenahme eines Systems der Qualitätsentwicklung.
11.	Dokumentation / Evaluation	Das Angebot nutzt Konzepte und Instrumente zur Dokumentation und/oder Evaluation der eigenen Arbeit.
12.	Kosten-Nutzen-Verhältnis	Die Kosten des Angebotes stehen in einem günstigen Verhältnis zum erzielten Nutzen.

Quelle: Eigene Darstellung nach Kilian (2008, S. 194f.)

Eine bundesweite Datenbank mit Beispielen guter Praxis (www.gesundheitliche-chancengleichheit.de) wurde bereits 2002 durch Gesundheit Berlin e.V. im Auf-trag der BZgA aufgebaut (vgl. Kilian, 2008, S. 190). Mit Hilfe dieser Praxisda-tenbank lassen sich Good Practice-Beispiele nach Setting, Ziel- und Alters-gruppe sowie nach Gesundheitsthemen filtern und bundesweit recherchieren.

4.2 Beispiele guter Praxis für die Zielgruppe 60+

Vom Verfasser dieser Arbeit wurde in der oben gennannten Praxisdatenbank eine Recherche von Good Practice-Beispielen für die Zielgruppe der Über-60-Jährigen durchgeführt. Für diese Suche wurden folgende Filter bzw. Einschlusskriterien aktiviert:

✓ Lebenswelt Stadtteil / Quartier
✓ Altersgruppen Seniorinnen / Senioren (ab 60 Jahre)
✓ Good-Practice Kriterien erfüllt

Diese Recherche lieferte insgesamt vier Treffer von entsprechenden Good Practice-Beispielen:

(1) **Das Projekt „Bewegung und Prävention"** des Fördervereins *Akademie 2. Lebenshälfte im Land Brandenburg e.V.* Zielgruppe sind ältere Langzeitarbeitslose und Arbeitsuchende ab 50 Jahren im brandenburgischen Landkreis Uckermark. Das Projekt zielt u.a. darauf ab, Teilnehmer der Zielgruppe als Übungsleiter und Trainer im Breitensport sowie im Präventions- und Rehabilitationssport zu qualifizieren. Somit werden einerseits die Voraussetzungen für die Teilnahme am gesellschaftlichen Leben der Zielgruppe verbessert, andererseits können hierdurch die Vereinsstrukturen im Landkreis gestärkt werden.
(Quelle: http://www.gesundheitliche-chancengleichheit.de/good-practice/bewegung-und-praevention/ [www document gesichtet am 14.12.2013])

(2) **Das Projekt „Neues Altern in der Stadt" (NAIS)**, welches von der Stadt Bruchsal getragen wird. Im Rahmen dieses Projektes sollen – vor dem Hintergrund des demografischen Wandels – allen Bevölkerungsgruppen, aber insbesondere sozial Benachteiligten, Gesundheitsförderung und Prävention in Form von Maßnahmen wie z.B. öffentliche Kochkurse, Bewegungs- und Ernährungsberatung, Gemeinschaftsverpflegung, ehrenamtliche Besuchsdienste etc. angeboten werden.
(Quelle: http://www.gesundheitliche-chancengleichheit.de/good-practice/nais/ [www document gesichtet am 14.12.2013])

(3) **Die Seniorentagesstätte „Nachbarschaftsheim St. Pauli"**, welche von der Stadt Hamburg getragen wird, basiert auf der Rechtsgrundlage des § 71 SGB XII. Zielgruppe sind die Über-55-Jährigen, vorwiegend Migrantinnen und Migranten, ausgegrenzte Minderheiten, Menschen aus unteren Sozialschichten und solche mit psychischen Erkrankungen. Zweck der Einrichtung ist die generationen- und kulturübergreifende Förderung von Kommunikation, Geselligkeit und gegenseitigem Verständnis zwischen den Besuchern. Hierdurch sollen deren Lebensbewältigungsstrategien und ein gesundheitsbewusster Lebensstil gefördert werden.

(Quelle: http://www.gesundheitliche-chancengleichheit.de/good-
practice/nachbarschaftsheim-st-pauli/ [www document gesichtet am 14.12.2013])

(4) Das Projekt „Älterwerden und Gesundheit" des *Feministischen Frauen-gesundheitszentrums Berlin e.V. (FFGZ)* richtet sich an sozial benachteiligte Frauen zwischen 40 und 70 Jahren mit und ohne Migrationshintergrund. Es zielt darauf ab, mittels eines zweisprachigen Schulungsprogrammes zu verschiedenen Gesundheitsthemen das Selbsthilfepotenzial der Frauen zu stärken, sie zur Orientierung im Gesundheitssystem zu befähigen und Krankheitsprävention durch Gesundheitsbildung zu betreiben.
(Quelle: http://www.gesundheitliche-chancengleichheit.de/good-practice/aelterwerden-
und-gesundheit/ [www document gesichtet am 14.12.2013])

4.3 Qualitätssicherung von gesundheitsfördernden Maßnahmen

Die Schaffung von bestmöglicher Qualität inklusive deren entsprechenden Transparenz bei der Entwicklung und Umsetzung von Konzepten zur Gesundheitsförderung und Krankheitsprävention ist notwendig, um die verfügbaren Ressourcen ökonomisch einsetzen zu können, für die Zielgruppenerreichung, Wirksamkeit und Nachhaltigkeit von gesundheitsfördernden Maßnahmen zu sorgen und um die Durchführung von Maßnahmen evaluieren und gegenüber Sponsoren rechtfertigen zu können. Die Nutzung bereits bewerteter Good Practice-Modelle kann dazu dienen, die Ausgaben in den Bereichen Entwicklung und Qualitätssicherung zu reduzieren. Hiervon können besonders die Kommunen mit ihren begrenzten finanziellen Mitteln und eingeschränkten gesundheitspolitischen Kompetenzen profitieren. Dies auch vor dem Hintergrund, dass evidenzbasierte Gesundheitsförderung und Prävention einschließlich dem entsprechendem Qualitätsmanagement in Deutschland noch in den Anfängen stehen (vgl. Loss, 2010, S. 170ff.). Messinstrumente, die zwecks Evaluation von Qualität in der *medizinischen Versorgung* verwendet werden, sollten unter anderem folgenden Gütekriterien zur Bewertbarkeit entsprechen: a)Validität, b)Reliabilität, c)Änderungssensivität, d)Interpretierbarkeit, c)Praktikabilität (vgl. Schmitt, Petzold, Eberlein-Gonska & Neugebauer, 2013, S. 517ff.). Messinstrumente, die zwecks Monitoring und Evaluation der *Gesundheitsversorgung* im Rahmen der Gesundheitsberichterstattung verwendet werden, sollten hingegen nach Forderungen von WHO und EU den Qualitätskriterien a)Validität, b)Objektivität, c)Sensitivität und d)Spezifität entsprechen (vgl. Ministerium für Gesundheit, Soziales, Frauen und Familie des Landes Nordrhein-Westfalen, 2003, S. 18).

Bezüglich der Implementierung und Umsetzung von Gesundheitsförderungs-maßnahmen im kommunalen Setting wird die Beachtung der in Tabelle 3 aufgeführten Qualitätselemente gesundheitsfördernder Stadtentwicklung empfohlen (vgl. GKV-Spitzenverband, 2010, S. 33f.), welche auf Veröffentlichungen des Deutschen Instituts für Urbanistik (Difu) und Gesundheit Berlin e.V. basieren. Zu berücksichtigen ist jedoch, dass die Empfehlungen des Difu aus der Entwicklung praxistauglicher Verfahren für die Zielgruppen Kinder, Jugendliche und junge Erwachsene abgeleitet wurden.

Tabelle 3: Qualitätselemente gesundheitsförderlicher Stadtentwicklung.

Qualitätselemente gesundheitsförderlicher Stadtentwicklung	
Stadtteilbezogene Bedarfsanalysen	Datengewinnung, -aufbereitung und –zusammenführung zu einem breiten Spektrum gesundheitsbezogener Themen wie umweltbezogene und individuelle Gesundheitsbelastungen, Gesundheitszustand der Bevölkerung, Angebot der Gesundheitsversorgung, örtliche Gesundheitspotenziale sowie Ergänzung durch qualitative Einschätzungen der Akteure vor Ort.
Konzeptentwicklung	Integration von Themen u. Zielen der Gesundheitsförderung in die „Integrierten Entwicklungskonzepte" und Verbindung der klassischen Präventionsfelder Ernährung, Bewegung u. Suchtprävention mit Themen und Zielen aus den Bereichen Umwelt u. Städtebau.
Strukturentwicklung	Nachhaltige Etablierung von Steuerungs- u. Koordinierungsstellen für die gesundheitsfördernde Stadtteilentwicklung unter Beteiligung von Vertretern der zuständigen Ämter, Gesundheitsakteure, Vor-Ort-Aktiven und Bewohnerschaft. Ansiedlung der Koordinierungsstellen beim Quartiersmanagement bzw. in enger Zusammenarbeit mit diesem.
Projektentwicklung durch Beteiligung und Zielgruppenorientierung	Institutionalisierte Mitgestaltungsmöglichkeiten d. Bürger/innen bei der Angebotsplanung. Ausrichtung der niedrigschwelligen Angebote auf (nach Herkunft, Geschlecht u. Alter möglichst genau definierte u. homogene) Zielgruppen in Zusammenarbeit mit den für diese Zielgruppen relevanten Institutionen. Nutzung vorhandener und Schaffung neuer Finanzierungsmodelle.

Quelle: Eigene, gekürzte Darstellung nach GKV-Spitzenverband (2010, S. 33f.).

Im Rahmen der Primärprävention nach § 20 Abs. 1 SGB V können die gesetzlichen Krankenkassen in Deutschland Maßnahmen zur Gesundheitsförderung im kommunalen Setting (Kommune / Stadtteil) finanziell fördern. Vorausgesetzt wird diesbezüglich jedoch, dass diese Maßnahmen den in Tabelle 4 dargestellten übergreifenden Qualitätskriterien entsprechen:

Tabelle 4: Übergreifende Qualitätskriterien für eine gesundheitsförderliche Stadt(teil)-entwicklung.

Übergreifende Qualitätskriterien gesundheitsförderlicher Stadt(teil)entwicklung	
1.	Aufnahme des Ziels Gesundheit in den Zielkatalog der Kommune.
2.	Systematische und mit der Sozialberichterstattung integrierte Gesundheitsberichterstattung.
3.	Hieraus (siehe Punkt 2.) abgeleitete, mit Zielen anderer kommunaler Ressorts (Stadtentwicklung, Jugendhilfe, Bildung) abgeglichene und unter Beteiligung der Bürger entwickelte Gesundheitsziele.
4.	Schaffung geeigneter Entscheidungs- und Umsetzungsstrukturen (Gesundheitskonferenzen, Stadtteilzentren, Vernetzungs- und Beteiligungsbüros, Quartiermanagement).
5.	Etablierung von Gesundheitsverträglichkeit als Entscheidungskriterium für öffentliche Planungen.

Quelle: Eigene, gekürzte Darstellung nach GKV-Spitzenverband (2010, S. 34f.).

Bemerkenswert ist, dass die oben genannten, im Leitfaden Prävention des GKV-Spitzenverbandes verankerten Empfehlungen und Vorgaben bezüglich der Qualitätselemente und Qualitätskriterien lediglich qualitative, nicht jedoch ökonomische Maßstäbe setzen. Die Beachtung von Wirtschaftlichkeit bezüglich der Umsetzung von gesundheitsförderlichen Maßnahmen wird lediglich im 12. Kriterium für Good Practice von Kilian (2008, S. 194f.) ohne nähere Konkretisierung umschrieben. Eine eindeutige Definition des Kosten-Nutzen-Verhältnisses von Gesundheitsförderungsmaßnahmen im Kontext von Bedarfsgerechtigkeit bzw. möglichen positiven Outcomes von Gesundheitsförderung liegt damit (im Vergleich zu den Maßgaben medizinischer Versorgung) noch nicht vor.

5 Gesundheitsförderung auf kommunaler Ebene

Kommunale Gesundheitsförderung bietet gegenüber anderen einzelnen Settings die Vorteile, dass zum einen hierdurch ein Großteil der Gesamtbevölkerung erreicht werden kann (vgl. Siebert, 2008, S. 112, 125). Zum anderen ist besonders die Zielgruppe der älteren Menschen (die Über-65-Jährigen) nicht ausreichend in anderen Settings erreichbar, so dass sich besonders das kommunale Setting zur Ausrichtung von gesundheitsfördernden Maßnahmen von Senioren eignet.

Obwohl grundsätzlich an erster Stelle die Gemeinden für die Versorgung ihrer Bürger verantwortlich sind (vgl. Wehling, 2006, S. 12f.), und daher auch entsprechende Voraussetzungen zur Etablierung von gesundheitsfördernden Strukturen schaffen und Maßnahmen anstoßen sollten, scheint dies mancherorts nicht als Aufgabe der Gesundheitskommunalpolitik verstanden zu werden. Göpel

(2008, S. 10) weist diesbezüglich darauf hin, dass mangels gesundheitspoliti-scher Kompetenzen in Parteien, Verwaltungen und Kommunen in vielen gesell-schaftlichen Bereichen Netzwerke gesundheitsfördernder Organisationsent-wicklung erst durch die beteiligten Akteure selbst entwickelt wurden. Ange-sichts „einer alternden Bevölkerung und einer sich aufsplitternden gesellschaft-lichen Entwicklung" (Göpel, 2008, S. 11) erscheine es daher vordringlich, „die Aufmerksamkeit auf die Steuerungsebene der Kommunen und der kommunalen Selbstverwaltung zu lenken" (ebd.), um die zunehmend anstehenden sozialen Integrationsprozesse zu bewältigen, die mit der Alterung der Bevölkerung sowie der gesellschaftlichen Entwicklung verbunden sein werden (vgl. ebd.). Göpel (2008, S. 11) empfiehlt diesbezüglich die Formulierung einer neuen „Entwick-lungs-Perspektive für eine gesundheitsfördernde Städte- und Gemeindeentwick-lung [...]" (ebd.), welche auf den bereits existierenden Programmen „Lokale Agenda 21", „Gesunde Städte-Netzwerk" oder „Soziale Stadt" aufbauen (ebd.).

5.1 Etablierte qualitätsorientierte Ansätze für die kommunale Ebene

Die im Leitfaden Prävention des GKV-Spitzenverbandes vorgegebenen Rah-menbedingungen für eine durch die Krankenkassen finanzierbare kommunale Gesundheitsförderung (bzw. Primärprävention im kommunalen Setting) beru-hen überwiegend auf Erkenntnissen und Erfahrungen, die im Rahmen des Netz-werks für Gesunde Städte und dem Bund-Länder-Programm Soziale Stadt ge-wonnen wurden (vgl. GKV-Spitzenverband, 2010, S. 32ff.). Projekte zur Ge-sundheitsförderung und Prävention im kommunalen Setting sollten daher nach Vorgabe der Krankenkassen in derartige Gesamtstrategien eingebettet werden (vgl. GKV-Spitzenverband, 2010, S. 34 [siehe auch Kapitel 4.3: Qualitätssiche-rung von gesundheitsförderlichen Maßnahmen]). Zudem wird gefordert, „Ge-sundheit" dauerhaft und Ressort übergreifend in den Zielkatalog der Kommunen aufzunehmen (vgl. ebd.; Stender, 2004, S. 48).

Das Bund-Länder-Programm „Stadtteile mit besonderem Entwicklungsbedarf – die soziale Stadt" wurde 1999 eingeführt. Es hat zum Ziel, die Lebensqualität in den benachteiligten Stadtteilen zu steigern. Dies soll durch die Verbesserung der Lebensbedingungen und Lebenschancen der in den Quartieren lebenden Men-schen erreicht werden (vgl. Böhme, Löhr, Schuleri-Hartje, 2004, S. 67). Da das Bund-Länder-Programm Soziale Stadt als Städtebauförderungsprogramm vor-rangig auf die Stärkung des sozialen Zusammenhalts in benachteiligten Stadt- und Ortsteilen für verschiedene Zielgruppen und damit weniger auf gesundheits-fördernde Maßnahmen speziell für Senioren abzielt, soll dieses hier nicht näher beschrieben werden.

Das Gesunde Städte-Netzwerk (Internet: www.gesunde-staedte-netzwerk.de) ist ein freiwilliger, aber strukturiert organisierter Zusammenschluss von Kommunen, welches 1989 in Frankfurt gegründet wurde. Zweck des Netzwerkes ist die Förderung von Bürgerbeteiligung und gesundheitlicher Chancengleichheit (die Verminderung gesundheitlicher Benachteiligung bei bestimmten Bevölkerungsteilen). Es begreift „Gesundheit" als zentralen Standortfaktor für die Kommunen (vgl. Eißner, Wolter, 2009, S. 9). Insbesondere die Weiterentwicklung kommunaler Gesundheitsförderung mittels Handlungskonzepten, die für die Zielgruppen Kinder, Jugendliche, Familien, Migranten und Senioren geeignet sind, ist Aufgabe des Netzwerkes. Entsprechende Aktivitäten sollen dabei vorwiegend auf die Handlungsfelder Bewegung, Ernährung und soziale Unterstützung fokussieren (vgl. „Berliner Apell": Eißner, Wolter, 2009, S. 8). Der Setting-Ansatz der „gesunden Städte" ist daher für die Gesundheitsförderung auf kommunaler Ebene besonders geeignet (vgl. Hurrelmann, Klotz, Haisch, 2009, S. 44f.). Die Gesunde Städte-Konzeption beinhaltete folgende Kernmerkmale (vgl. Eißner, Wolter, 2009, S. 5):

- Entwicklung und Stärkung einer ressortübergreifenden gesundheitsfördernden Kommunalpolitik
- Entwicklung und Stärkung von Verfahren zur Überprüfung gesundheitlicher Auswirkungen bei öffentlichen Planungen
- Entwicklung und Stärkung von Rahmenbedingungen für Bürgeraktivierung, -beteiligung und Selbsthilfe.

Zur Umsetzung des Gesunde Städte-Handlungskonzepts beitragen sollen Instrumente wie beispielsweise die Gesundheitsberichterstattung, die Definition gesundheitsbezogener Problemfelder, kommunale Gesundheitskonferenzen und kommunale Gesundheits-Aktions-Programme (vgl. Stender, 2004, S. 57).

Die Entwicklung von Modellen zur Gesundheitsförderung innerhalb des Gesunde Städte-Netzwerks erfolgt auf Basis bereits formulierter Qualitätskriterien, welche dem Good Practice-Verfahren entsprechen (z.B. regelmäßige(r) Information, Erfahrungsaustausch und Reflexion).

5.2 Mögliche Gesundheitsförderungsmaßnahmen für die Zielgruppe 60+

Unter Berücksichtigung der in den vorhergehenden Kapiteln beschriebenen Rahmenbedingungen, welche durch die Handlungsfelder, Settings, Ziele und Qualitätskriterien für Maßnahmen zur Gesundheitsförderung repräsentiert werden, sollen nun nachfolgend die ebenfalls bereits angeführten Strategien und Modelle hinsichtlich ihrer allgemeinen Verwendbarkeit und Nützlichkeit speziell für die Zielgruppe der Über-60-Jährigen diskutiert werden. Konkret soll sich diese Diskussion von der Frage leiten lassen, ob die Zielsetzungen und Methodiken der aktuell in Deutschland veröffentlichten Good Practice-Modelle grundsätzlich mit den Empfehlungen und Zielen zur Gesundheitsförderung und Prävention des nationalen Gesundheitszieles „Gesund älter werden", des Leitfaden Prävention sowie weiteren veröffentlichten Empfehlungen übereinstimmen. Mittels dieser Diskussion soll abschließend beantwortet werden, welche der verfügbaren Ansätze anerkannten Qualitätskriterien entsprechen und zusätzlich die Voraussetzungen für eine Übertragbarkeit erfüllen.

5.2.1 Relevante Handlungsfelder

Gesundheitsförderungsmaßnahmen scheinen sich besonders für die Zielgruppe 60+ zu eignen, wenn sie sich thematisch an den Handlungsfeldern „Bewegungsgewohnheiten" und „Ernährung" orientieren. Dies lässt sich mittels der nachfolgenden Beschreibung von Zusammenhängen zwischen körperlicher Aktivität und Ernährung als Einflussfaktoren auf die Gesundheit älterer Menschen begründen.

Die Bedeutung von körperlicher Aktivität im Lebenslauf: Da das Altern in der Regel mit einer deutlichen Verringerung der Muskelkraft einhergeht, können in der Folge die körperliche Leistungsfähigkeit und die Koordinationsfähigkeit abnehmen. Die Abnahme der Leistungsfähigkeit kann wiederum zu einer Reduktion der Lebensqualität und zur Erhöhung des Unfallrisikos führen (z.B. Sturzgefahr). Bereits ab dem 30. Lebensjahr beginnt die Muskelkraft langsam abzunehmen. Diese Entwicklung verstärkt sich im Verlauf des 5. Lebensjahrzehntes (vgl. Prokop, 1996, S. 69). Erwiesen ist jedoch auch, dass sich die funktionale Kapazität (Leistungsfähigkeit) des Menschen altersunabhängig durch körperliche Aktivität positiv beeinflussen lässt (vgl. Kruse, 2009, S. 85) und dass mittels gezielten Trainings des Herz-Kreislaufsystems, der Muskulatur und des Nervensystems ab dem mittleren Lebensalter dem Auftreten von degenerativen Veränderungen vorgebeugt werden kann (vgl. Otto, 1994, S. 51f). Hierdurch lassen sich wiederum die Fähigkeiten zur selbständigen Ausführung von Aktivitäten des täglichen Lebens erhalten oder wiederherstellen (vgl. Kruse, 2009, S. 82ff). Durch Maßnahmen zur Förderung und Aufrechterhaltung der körperlichen und kognitiven Leistungsfähigkeit bei älteren Menschen (z.B. mittels kombiniertem Ausdauer-, Koordinations-, und Gleichgewichtstraining) kann darüber hinaus ein Beitrag zur Sturzprävention bei älteren Menschen geleistet werden (vgl. Kruse, 2009, S. 85). Die Steigerung von Muskelkraft und Muskelmasse sind auch laut WHO realistische Strategien, um den Funktionsstatus bei den Über-60-Jährigen aufrechtzuerhalten (vgl. World Health Organization (WHO), 2002, S. 47). Sie empfiehlt zwecks Prävention von chronischen und altersbedingten Erkrankungen (z.B. Hypertonie, Diabetes mellitus und Osteoporose) Krafttraining oder Aerobic-Übungen (z.b. Walking, Schwimmen, Wassergymnastik und Radfahren) mehrmals pro Woche von mindestens 30 Minuten Dauer durchzuführen (vgl. WHO, 2002, S. 48).

Die Bedeutung von gesunder Ernährung im Lebenslauf: Der tägliche Bedarf des Menschen an Vitaminen und Mineralstoffen kann grundsätzlich durch eine optimale Ernährung gedeckt werden. Diesbezüglich kann auch die Versorgung der deutschen Bevölkerung im Durchschnitt als ausreichend angesehen werden. Jedoch beschreiben Mensink, Burger und Beitz (2002, S. 135ff.), dass bei Teilen der Bevölkerung die Zufuhr von Ballaststoffen und Folaten sowie der Vitamine D und E und bei Frauen zusätzlich die Zufuhr der Vitamine B_1, B_2 und B_6 sowie von Eisen und Calcium problematisch ist, da hier die tägliche Aufnahme unter dem optimalen Niveau liegt. So liegt z.b. bei einem Viertel der Bevölkerung die Versorgung mit Calcium unterhalb des tatsächlichen Bedarfs, wobei hingegen eine bedarfsgerechte Versorgung des Individuums mit Calcium der Entwicklung einer Osteoporose vorbeugen kann (vgl. Mensink, Burger & Beitz, 2002, S. 135). Besonders betroffen von einer nicht optimalen Nährstoffaufnahme sind nach Mensink et al. (2002, S. 135f.) junge Frauen (die 18-bis-24-Jährigen) und ältere Menschen, da bei diesen die Energieaufnahme – und damit die Nährstoffaufnahme – insgesamt häufig zu niedrig ist.

In Verbindung mit dem oben beschriebenem Sturzrisiko aufgrund von Bewegungsmangel (bzw. durch Reduktion von Kraft und Gleichgewichtsvermögen) kann eine Schwächung des Skelett-Systems infolge einer Osteoporose das Unfallverletzungsrisiko zusätzlich erhöhen. Zum Vergleich: Laut Angaben des BMG, welche sich auf Daten des Statistischen Bundesamtes beziehen, waren im Jahr 2009 Oberschenkelhalsfrakturen die Ursache für mehr als 130.000 Krankenhausfälle der 65-Jährigen und Älteren (vgl. Bundesministerium für Gesundheit, 2012, S. 15). Da in der Gruppe der Über-65-Jährigen sturzbedingte Verletzungen ein hohes Risiko für spätere Behinderungen und Immobilität darstellen, sollte das Sturzrisiko besonders bei der Entwicklung von Präventionsmaßnahmen für diese Zielgruppe berücksichtigt werden. Denn durchschnittlich stürzen etwa 30 Prozent der Über-65-Jährigen einmal pro Jahr (vgl. Todd, Skelton, 2004, S. 4), bei den 80-jährigen und älteren Menschen liegt die Sturzrate bei etwa 50 Prozent (vgl. Bundesministerium für Gesundheit, 2012, S. 37f.). Bei 20 bis 30 Prozent derjenigen, die sturzbedingte Verletzungen erleiden, sind anschließend Mobilität und Unabhängigkeit reduziert und das Risiko von Pflegebedürftigkeit und Mortalität erhöht (vgl. Todd, Skelton, 2004, S. 4; Bundesministerium für Gesundheit, 2012, S. 37f.).

Übereinstimmungen mit den Ansätzen der Good Practice-Modelle: Von den im Kapitel 4.2 beschriebenen vier Good Pratice-Modellen haben nur zwei Modelle konzeptionelle Ansätze, die unmittelbar in die Handlungsfelder Bewegung oder Ernährung integriert sind. Dies sind das Projekt „Bewegung und Prävention" des Fördervereins Akademie 2. Lebenshälfte im Land Brandenburg e.v. und das Projekt „Neues Altern in der Stadt" (NAIS). Die anderen beiden Modelle haben hingegen die Stärkung von Gesundheitskompetenzen mittels Kommunikation und Bildung oder die gesellschaftliche Teilhabe zum Zweck und bieten lediglich theoretischen Bezug zu diesen Handlungsfeldern.

5.2.2 Relevante Ziele

Kruse (2009, S. 82) definiert folgende Ziele zur Gesundheitsförderung und Prävention im Alter: *Erhaltung einer aktiven, selbständigen Lebensführung; Erhaltung körperlicher und geistiger Leistungsfähigkeit; Vermeidung von körperlichen und psychischen Erkrankungen; Aufrechterhaltung eines angemessenen Systems der Unterstützung.* Auch schreibt Kruse der Prävention von Behinderungen in Folge von chronischen Erkrankungen eine besondere Bedeutung zu (vgl. ebd.). Er erachtet es als notwendig, hierzu Ansätze zu wählen, welche die Förderung von Mobilität und Selbständigkeit im Alter zum Ziel haben und dabei gleichfalls die Gesundheit beeinflussende persönliche (intraindividuelle) Faktoren und Umweltfaktoren (extraindividuelle F.) berücksichtigen (vgl. Kruse, 2009, S. 82f.). Behinderungen kommen im Alter häufig vor und reduzieren die Lebensqualität der Betroffenen (vgl. Heikkinen, 2003, S. 4). Zudem sind – besonders in Anbetracht der anteilig starken Zunahme der Über-65-Jährigen an der Gesamtbevölkerung – die Ressourcen der Gesellschaft für Hilfe, Pflege und Rehabilitation begrenzt (vgl. ebd.). Die Prävention von Behinderungen im Alter ist daher ein bedeutsames Anliegen aus humanitärer und wirtschaftlicher Perspektive (vgl. ebd.). Hauptursache für Behinderungen im Alter sind chronische Erkrankungen (vgl. ebd; Kruse, 2009, S. 82). Zu den beeinflussbaren, intrinsischen Risikofaktoren gehören u.a. mangelnde Bewältigungsstrategien, Bewegungsmangel und andere schädliche Verhaltensweisen (vgl. Heikkinen, 2003, S. 4f.) wie z.B. ungesunde Ernährung, Rauchen, Alkoholkonsum und unzureichende soziale Aktivitäten etc. (vgl. Heikkinen, 2003, S. 7). Diese Risikofaktoren werden zum Teil bereits im Lebenslauf (z.B. aufgrund ungünstiger sozioökonomischer Lebensbedingungen) erworben (vgl. Heikkinen, 2003, S. 4). Heikkinen (2003, S. 4f.) empfiehlt daher u.a. die Entwicklung von Präventionsstrategien und Programmen auf nationaler und kommunaler Ebene, welche auf die Reduktion von Risikofaktoren für chronische Krankheiten sowie auf die Stärkung von Bewältigungskompetenzen der Menschen mit Behinderungen abzielen.

Die durch Kruse definierten Ziele stimmen weitestgehend mit den Zielen aus dem Handlungsfeld I des nationalen Gesundheitsziels „Gesund älter werden" (vgl. Kapitel 3.2) überein, welche u.a. *die Stärkung gesellschaftlicher Teilhabe, gesundheitlicher Ressourcen und Widerstandskraft, körperlicher Aktivität und Mobilität* sowie *die Förderung ausgewogener Ernährung* und *die Reduktion gesundheitlicher Risiken* verfolgen sollen. Mittels Maßnahmen, die in den oben genannten Handlungsfeldern ansetzen, auf die Zielgruppe der älteren Menschen (insbesondere auch die behinderten und alleinlebenden Älteren sowie ältere Migrantinnen und Migranten) ausgerichtet sind und jeweils einen Gruppenbezug haben, können wahrscheinlich die meisten der oben genannten Ziele erreicht werden.

Übereinstimmungen mit den Zielen der Good Practice-Modelle: Die beschriebenen Projekte „Bewegung und Prävention", „Neues Altern in der Stadt", „Nachbarschaftsheim St. Pauli" und „Älterwerden und Gesundheit" stimmen sämtlich in ihrer Zielsetzung und Methodik mit vielen Schwerpunkten und Empfehlungen des nationalen Gesundheitsziels „Gesund älter werden" sowie den durch Kruse (2009, S. 82f.) definierten Zielen überein. Keines dieser Projekte scheint in irgendeiner Weise nicht konform mit den anerkannten Empfehlungen zur Gesundheitsförderung und Prävention für Ältere zu sein. Die in den unterschiedlichen Projekten gesetzten, aber jeweils nicht sämtlich enthaltenen Schwerpunkte sind „gesellschaftliche Teilhabe", „Integration" und „Partizipation". Es ist davon auszugehen, dass sich alle vier Konzepte auch in andere Regionen, insbesondere in benachteiligte Stadtteile übertragen lassen. Das Projekt „Bewegung und Prävention" hat eine nur wenige Schwerpunkte und Ziele umfassende Konzeption, integriert dafür aber die besonders für ältere Menschen nützlichen Elemente und lässt sich vermutlich am einfachsten flächendeckend übertragen. Das Projekt „Neues Altern in der Stadt" beruht hingegen auf einem sehr umfassenden und mehrere relevante Handlungsfelder integrierenden Ansatz und ist daher ein Konzept, welches in besonderer Weise den bereits genannten Empfehlungen entspricht.

6 Fazit

Modelle guter Praxis bieten die Möglichkeit, transparent und qualitätsorientiert gestaltete Lösungsansätze für Maßnahmen im Bereich der Gesundheitsförderung und Prävention für andere, nach Lösungsansätzen suchende, Akteure bereitzustellen. Sofern sich derartige Ansätze oder Modelle auch in andere Regionen übertragen lassen, entfallen für die Nachfrager solcher Modelle ggf. hohe Entwicklungskosten. Zudem sind die Erfolgsaussichten bereits erprobter und evaluierter Konzepte höher, als wenn entsprechende Modelle komplett neu entwickelt werden müssen.

Bisher wurden nur wenige Beispiele guter Praxis für die Gesundheitsförderung älterer Menschen veröffentlicht, die zum einen auf das kommunale Setting, d.h. dem *Lebensraum der Seniorinnen und Senioren* ausgerichtet sind, und zum anderen in ihren Maßnahmen die für die Gesundheitsförderung älterer Menschen besonders geeigneten Handlungsfelder körperliche Aktivität und Ernährung berücksichtigen.

Die für diese Arbeit recherchierten und analysierten Good Practice-Modelle entsprechen zwar grundsätzlich den evidenzbasierten Erkenntnissen und Empfehlungen für gesundheitsfördernde und präventive Maßnahmen für ältere Menschen, nutzen offensichtlich aber nicht das volle Potenzial der verfügbaren Ressourcen aus. Aufgrund der vorhandenen Erkenntnisse könnten solche Modelle einen größtmöglichen Nutzen erwarten lassen, welche wohnortnahe, kostenlose Maßnahmen anbieten, die die Handlungsfelder Bewegung, Ernährung, Bildung, Integration, Partizipation etc. möglichst umfassend integrieren. Zudem sollte diskutiert werden, ob und wie die Sturzprävention stärker in zielgruppenorientierte Maßnahmen im kommunalen Setting integriert werden könnte – auch vor dem Hintergrund, dass Strategien zur Prävention von Stürzen auf Bevölkerungsebene bisher noch nicht richtig untersucht wurden (vgl. Todd, Skelton, 2004, S. 7). Die von Todd und Skelton (2004, S. 8) beschriebenen intrinsischen Sturzrisikofaktoren älterer Menschen spiegeln sich zumindest in den relevanten Handlungsfeldern (z.B. Bewegungsmangel: Abnahme von Muskelkraft; Mangelernährung [niedriger BMI, Vitamin-D-Mangel]: Osteoporose) sowie in den Gesundheitszielen (z.B. „Alter" und „allein leben") wider und bieten daher sicherlich gute Anknüpfungspunkte für entsprechende Präventionsmaßnahmen.

7 Literatur- und Quellenverzeichnis

Bundesministerium für Gesundheit (BMG), Kommunikationsstab, Referat Öffentlichkeitsarbeit (Hrsg.) (2012). Nationales Gesundheitsziel „Gesund älter werden". 1., aktualisierte Auflage.

Böhme, C., Löhr, R.-P., Schuleri-Hartje, U.-K. (2004). Soziale Stadt und Gesundheit. In: Göpel, E., Schubert-Lenhardt, V. (Hrsg.) (2004). Gesundheit gemeinsam gestalten 2: Kommunale Gesundheitsförderung. Frankfurt am Main. Mabuse-Verlag.

Eißner, R., Wolter, H.-G. (2009). Rückblick – 20 Jahre Gesunde Städte in Deutschland. In: Gesunde Städte-Sekretariat (Hrsg.) (2009). Zeitschrift Gesunde Städte-Netzwerk der Bundesrepublik Deutschland: 20 Jahre Partnerschaft für Gesundheit.

Gabriel, J. (2009). Regionale Unterschiede in der deutschen Gesundheitsversorgung. 1. Auflage. Hamburg: Igel Verlag.

Gesellschaft für Versicherungswissenschaft und -gestaltung e. V. (2010). Gemeinsame Erklärung des Kooperationsverbundes zur Weiterentwicklung des nationalen Gesundheitszieleprozesses. [www document] http:// www.gesundheitsziele.de. Gelesen am 23.11.2013.

GKV-Spitzenverband (2010) (Hrsg.). Leitfaden Prävention. 2. korrigierte Fassung vom 10. November 2010. Berlin: GKV-Spitzenverband.

Göpel, E. / GesundheitsAkademie e.V. (Hrsg.) (2008). Systemische Gesundheitsförderung: Gesundheit gemeinsam gestalten – Band 3. Frankfurt am Main: Mabuse-Verlag.

Heikkinen, E. (2003). What are the main risk factors for disability in old age and how can disability be prevented? Copenhagen, WHO Regional Office for Europe (Health Evidence Network report). [www document]: http://www.euro.who.int/document/E82970.pdf. Gelesen am 12.02.2014.

Hurrelmann, K., Klotz, T., Haisch, J. (2009). Lehrbuch Prävention und Gesundheitsförderung. 2., überarbeitete Auflage. Bern: Verlag Hans Huber.

Kilian, H. (2008). Vernetzung und Qualitätsentwicklung in der soziallagenbezogenen Gesundheitsförderung: Der Kooperationsverbund „Gesundheitsförderung bei sozial Benachteiligten". In: Göpel, E. /

GesundheitsAkademie e.V. (Hrsg.) (2008). Systemische Gesundheitsförderung: Gesundheit gemeinsam gestalten – Band 3. S. 187-200. Frankfurt am Main: Mabuse-Verlag.

Kruse, A. (2009). Prävention und Gesundheitsförderung im Alter: In: Hurrelmann, K., Klotz, T., Haisch, J. (Hrsg.) (2009). Lehrbuch Prävention und Gesundheitsförderung. 2. Auflage. S. 81-91. Bern: Verlag Hans Huber.

Laser, U., Hurrelmann, K. (2003). Gesundheitsförderung und Krankheitsprävention. In: Hurrelmann, K., Laser, U. (Hrsg.) (2003). Handbuch Gesundheitswissenschaften. 3. Auflage 2003. S. 395-424. Weinheim und München: Juventa Verlag.

Loss, J. (2010). Konzepte der Evidenz-Gewinnung und Evaluation für eine nachhaltige Gesundheitsförderung. S. 170-184. In: Göpel, E. / GesundheitsAkademie e.V. (Hrsg.) (2010). Nachhaltige Gesundheitsförderung: Gesundheit gemeinsam gestalten – Band 4. Frankfurt am Main: Mabuse-Verlag.

Mensink, G., Burger, M., Beitz, R. (2002). Eine Momentaufnahme der Ernährung in Deutschland. In: Robert Koch-Institut (Hrsg.) (2010). Beiträge zur Gesundheitsbericht-erstattung des Bundes. Was essen wir heute? Ernährungsverhalten in Deutschland. S. 135-137. Berlin: Muk. Medien und Kommunikations GmbH.

Ministerium für Gesundheit, Soziales, Frauen und Familie des Landes Nordrhein-Westfalen (MGSFF) (2003). Arbeitsgemeinschaft der Obersten Landesgesundheits-behörden (AOLG): Indikatorensatz für die Gesundheitsberichterstattung der Länder. Bielefeld: Landesinstitut für den Öffentlichen Gesundheitsdienst des Landes Nordrhein-Westfalen (lögd).

Otto, J. (1994). Lebensqualität im Alter. Wege zur Verringerung des Pflegerisikos. Hamburg: Verlag Dr. Kovač.

Prokop, L. (1996). Die Verhütung vorzeitiger Alterserscheinungen. Wien: Springer-Verlag.

Rosenbrock, R. (2003). Gesundheitspolitik. In: Hurrelmann, K., Laaser, U. (Hrsg.) (2003): Handbuch Gesundheitswissenschaften. 3. Auflage. S. 707. Weinheim und München: Juventa Verlag.

Schmitt, J., Petzold, T., Eberlein-Gonska, M., Neugebauer, E. (2013). Anforderungsprofil an Qualitätsindikatoren. Relevanz aktueller Entwicklungen der Outcomes Forschung für das Qualitätsmanagement. In: Zeitschrift für Evidenz, Fortbildung und Qualität im Gesundheitswesen (ZEFQ). Jahrgang 107, Heft 8, S. 516-522. München: Elsevier GmbH – Urban & Fischer.

Siebert, D. (2008). Soziale Systembildungen durch Setting-Netzwerke der Gesundheitsförderung. In: Göpel, E. / GesundheitsAkademie e.V. (Hrsg.) (2008). Systemische Gesundheitsförderung: Gesundheit gemeinsam gestalten – Band 3. S. 102-129. Frankfurt am Main: Mabuse-Verlag.

Stender, K.-P. (2004). Gesundheit wird auch in Rathäusern entschieden! In: Göpel, E., Schubert-Lenhardt, V. (Hrsg.) (2004). Gesundheit gemeinsam gestalten 2: Kommunale Gesundheitsförderung. S. 47-65. Frankfurt am Main: Mabuse-Verlag.

Süßmuth, A. (2013). Sicherstellung der Gesundheitsversorgung im ländlichen Raum: Handlungsfelder und Chancen der Kommunalpolitik. 2., überarbeitete Auflage. München: AVM - Akademische Verlagsgemeinschaft.

Todd, C., Skelton , D. (2004). What are the main risk factors for falls among older people and what are the most effective interventions to prevent these falls? Copenhagen, WHO Regional Office for Europe (Health Evidence Network report). [www document]: http://www.euro.who.int/document/E82552.pdf. Gelesen am 09.02.2014.

Wehling, H.-G. (2006). Kommunen früher und heute. In: Informationen zur politischen Bildung Nr. 242/2006, S. 7-25. Bonn: Bundeszentrale für politische Bildung (Hrsg.).

World Health Organization (WHO) (2002). Keep fit for life: Meeting the nutritional needs of older persons. Issue Date 2002. Boston, Mass. (1998): World Health Organization/Tufts University Consultation on Nutritional Guidelines for the Elderly.

WHO-Regionalbüro für Europa (1998). Europäische Schriftenreihe „Gesundheit für alle", Nr. 5. Gesundheit21. Eine Einführung zum Rahmenkonzept „Gesundheit für alle" für die Europäische Region der WHO. Kopenhagen: WHO-Regionalbüro für Europa, Referat Veröffentlichungen.

Herstellung und Verlag:
BoD - Books on Demand, Norderstedt
ISBN 978-3-7357-3976-6